초등학생의 진로와 직업 탐색을 위한
잡프러포즈 시리즈 42

정신건강의학과 의사는 어때?

초등학생의 진로와 직업 탐색을 위한 잡프러포즈 시리즈 42

정신건강의학과의사는

전진용 지음

어때?

PSYCHIATRY

차례

CHAPTER 09 · 10문 10답

CHAPTER 10 · 나도 정신건강의학과 의사

CHAPTER. 01

정신건강의학과 의사 전진용의

프러포즈

PSYCHIATRY

정신건강의학과 의사 전진용의
프러포즈

어린이 여러분, 안녕하세요. 정신건강의학과 의사 전진용이에요. 사람은 살아가면서 크고 작은 정신적 어려움을 경험하게 돼요. 감기에 걸리거나 넘어져서 몸에 상처가 나듯이 여러 가지 일과 경험을 통해 마음에도 상처가 생겨요. 친구와 다투거나 부모님께 야단맞고 마음이 아팠던 일, 시험을 앞두고 마음이 불안했던 일 등은 누구에게나 있을 수 있는 일이에요. 그런데 누구나 겪는 일이라고 누구나 쉽게 극복할 수 있는 건 아니에요. 유독 힘들고 괴로워하는 사람들에겐 반드시 도와줄 사람이 필요해요. 그런 사람 중 하나가 바로 정신건강의학과 의사들이랍니다.

저는 의과대학에 들어갈 때만 해도 정신건강의학과에 관심이 크지 않았어요. 공부하고 실습하면서 이 분야에 흥미를 느끼게 되었죠. 다른 과와 달리 사람의 내면을 여행한다는 점이 무척 매력적으로 다가왔어요. 정신건강의학과 의사에게 환자는 한 권의 책과 같아요. 환자가 풀어놓는 이야기를 들으면 마치 책을 읽듯이 주인공의 삶을 생생하게 경험할 수 있어요. 환자가 펼쳐놓은 인생의 페이지를 따라 읽으며 함께 화내고 함께 슬퍼하죠. 하지만 누군가의 삶을 온전히 이해하긴 어려워요. 다만 상대가 나누고 싶은 부분만이라도 함께 이야기하고 공감할 수는 있어요. 이런 과정을 통해 환자의 부정적인 감정을 줄이고 좀 더 건강한 삶을 누릴 수 있도록 도움을 주는 거죠.

어떤 환자들은 의사가 이야기를 들어주는 상담만으로도 괴로운 마음을 덜어내고 살아갈 힘을 얻어요. 하지만 상담만으로 해결이 어려울 때는 약물치료를 해요. 이를 통해 일상생활조차 어려워하던 분들이 직장을 가지게 되고, 다른 사람과 관계를 맺는 걸 보는 건 이 일의 큰 보람이죠. 누군가의 내면을 여행하며 아픔을 보듬고 그들이 앞으로 나아가도록 등을 밀어주는 매력적인 일이기도 하고요. 그래서 자신 있게 어린이 여러분에게 이 직업을 프러포즈하려고 해요. 저와 함께 매혹적인 정신세계로 여행을 떠나보는 건 어떨까요?

– 정신건강의학과 의사 전진용

CHAPTER. 02

정신건강의학과 의사는

PSYCHIATRY

마음의 병을 치료하는 정신건강의학과 의사! 환자의 상태를 진단하는 방법은 무엇이고, 치료 방법은 무엇이 있는지, 어떤 분야의 사람들과 협업하는지 알아보아요.

정신건강의학과 의사는
누구인가요

정신의학을 영어로 'Psychiatry'라고 해요. 정신psyche을 치료한다는 뜻이죠. 현대의 정신의학은 정신질환이나 스트레스와 연관된 다양한 신체질환 등을 연구하고 치료하며 정신건강의 문제가 생기지 않도록 예방하는 일을 하는 의학의 한 분야를 말해요. 예전에는 정신과였는데 정신이 이상한 사람들이 가는 곳이라는 편견이 있어서 2011년에 '건강'이라는 긍정적인 단어를 넣어 '정신건강의학과'로 명칭을 바꾸었어요.

정신건강의학과 의사가 하는 기본적인 일은 환자의 정신건강 문제를 진단하고 치료하는 일이에요. 진단할 때는 환자와의 면담, 정신상태 검사, 심리검사, 뇌기능 검사를 비롯한 여러 진단 검사 자료를 이용해요. 이를 통해 스트레스 관련 질환 및 정신장애의 내용과 정도를 진단하고, 이후 치료 계획을 세우고 수행해요. 치료는 상담을 중심으로 하는 정신치료, 인지행동치료, 환경치료, 약물치료 등이 있어요. 이 밖에도 다양한 재활치료를 하거나 지역사회의 정신보건 사업을 담당해요.

환자의 상태를 진단하고 치료 방향을 결정해요

　처음 병원을 방문하는 환자에게는 30~40분 정도 미리 준비된 질문들을 중심으로 질문을 하고 답을 들어요. 왜 병원에 왔는지, 처음 증상이 나타난 때는 언제인지 등을 묻고, 발달과 관련된 사항을 확인하죠. 예를 들면 어렸을 때의 가정환경은 어떤지, 학창 시절의 특별한 경험이 있는지, 고향은 어디고 주 양육자는 누구였는지, 모유 수유를 했는지, 첫 기억은 무엇인지, 언어 발달과 관련된 문제는 없는지 등의 질문에 대한 답을 듣고 환자의 대략적인 발달 사항을 파악해요. 첫 기억을 물었을 때, 부모님은 어딘가에 가 있고 혼자만 방에 남아있었다고 하면 거기에서도 어떤 상징이나 의미를 찾을 수 있기 때문이에요.

　그리고 동시에 질문에 대한 답을 하는 환자의 자세를 살펴요. 앉아있는 자세는 어떤지, 화장이 진한지 옅은지, 옷이 화려한지 수수한지, 계절에 맞는 옷차림인지, 말이 빠르거나 느린지, 눈은 잘 마주치는지, 문신을 했는지, 어떤 표정을 짓는지, 기분이 어떤지, 질문에 잘 반응하는지 등을 관찰하죠. 조울증 같은 경우 말이 빠르고 옷차림이나 문신도 나름의 의미가 있기 때문에 세심하게 봐야 해요.

　질문이 끝나면 방문하게 된 힘든 점에 대해 물어보고 기억력이나 집중력을 체크해요. 100에서 7 빼기를 계속해 보거나, 사물의 공통점과 차이점을 묻기도 하고, 속담의 뜻이나 우리나라의 수도는 어디고, 현재 대통령은 누구인지 같은 상식을 확인하기도 해요. 그리고 반드시 자살과 관련된 점을 물어요. 이건 매우 중요한 지표거든요. 이처럼 물어볼 문항도 많고, 관찰할 항목도 많아 초진은 시간이 꽤 걸리죠.

　초진을 바탕으로 진단을 내리고 치료 계획을 세워요. 상담 중심으로 치료할지, 상담과 약물치료를 병행할지 결정하는 거예요. 다른 과에서 병명을 진단할 때는 여러 가지 검진 결과를 활용하는데, 저희는 특별한 검사를 하지 않기 때문에 주관적인 견해가 들어가게 돼요. 그렇다고 의사마다 병명이 달라지는 것은 아니고, 우울증 환자라면, 가벼운 우울증인지 중증에 가까운지 정도의 차이가 있을 수는 있어요. 우울증도 진단 기준이 있기 때문에 누구든 그 기준에 따라 체크하면 거의 비슷한 결과가 나오지만 환자의 상태 또는 상황에 따라 의사의 견해가 진단에 영향을 주는 거예요. 환자를 세심하게 관찰하고 상태를 정확하게 해석해 판단하는 것이 정신건강의학과 의사의 역할이에요.

상담치료로 환자의 회복을 도와요

　많은 환자가 상담을 받으면 자신이 안고 있는 문제가 즉각적으로 해결되거나 불안과 우울감이 해소되어 금방 기분이 나아질 거라 생각해요. 하지만 상담 한두 번으로 완치되는 일은 거의 없어요. 우리 마음은 처음 본 사람에게 쉽게 열리지 않아요. 첫 만남에서 모든 이야기를 하지 않는 환자도 많고요. 만남과 대화를 반복하다 보면 어느 순간 환자가 자신의 속마음을 하나둘 꺼내며 여러 감정을 느끼게 되는데, 의사는 환자가 느낀 감정들을 말로 표현할 수 있도록 돕고, 환자의 상황을 이해하고 공감해요. 그리고 그들이 긍정적이고 건강한 사고를 할 수 있도록 도움을 주는 역할을 하죠. 경우에 따라서는 상담치료와 함께 인지행동치료, 이완요법, 예술치료 등을 통해 증상이 개선되도록 하고 있어요.

　인지행동치료는 한쪽으로 치우친 생각을 바꾸는 치료에요. 예를 들면 어떤 친구가 문자 메시지에 답장을 안 해줬는데 그 친구가 나를 싫어한다고 생각하는 거죠. 이러한 생각에 대해 유연한 생각을 가지도록 하는

것이 인지행동치료에요. 이완요법은 심호흡이나 복식호흡을 통해 몸의
긴장을 줄여주는 방법이에요. 예술치료는 예술을 이용해서 사람의 감정
의 표현하도록 도와주는 치료에요. 예를 들면 힘든 상황을 그림으로 표
현하기도 하고 심리극Psychodrama라고 해서 힘든 상황을 연극으로 만들고
이에 대해 감정을 표현하도록 하죠.

약물치료가 필요한 환자도 있어요

　진단 결과에 따라 치료의 방향이 결정되는데요. 약물의 도움이 필요하다고 판단되면 약물치료를 해요. 그런데 약물치료에 대해 거부감을 갖는 환자들이 많아요. 정신건강의학과 약물이 환자의 인지나 사고, 기분에 영향을 주기 때문에 흔히 접하는 약물과 다른 태도로 접근하는 거예요. 다른 약에 비해 부작용이 심하고 의존성이 강하다는 거죠.

　하지만 이런 얘기들은 모두 거부감이나 두려움이 만든 편견이에요. 정신 혹은 마음의 문제는 의지의 문제이므로 절대 약으로 다스려서는 안 된다는 생각은 매우 위험해요. 치료를 위해서는 전문가의 의견을 믿고 처방을 따라주는 것이 필요해요. 감기약은 졸릴 수 있고 진통제는 속이 쓰릴 수 있는 것처럼 모든 약에는 각기 다른 부작용이 있어요. 어떤 질병을 치료할 때 비용에 비해 효과가 좋고, 빠른 시간 안에 회복을 돕는 것은 약물이에요. 약물치료 효과의 긍정적인 측면을 생각하고 부작용이나 의존성에 대한 두려움을 떨칠 필요가 있어요.

세부 진료 분야가 나뉘어 있어요

　다른 과와 마찬가지로 세부 분야도 나뉘어 있어요. 레지던트를 마치고 나면 1년이나 2년 정도 펠로우라는 전임의 과정이 있어요. 필수는 아니지만 세부 전공을 선택해 더 깊이 있는 연구를 하는 거죠. 먼저 크게는 발달 상태에 따라 구분하는데요. 소아인지 성인인지 노인인지에 따라 소아정신건강의학과, 성인정신건강의학과, 노인정신건강의학과로 나누고 있어요. 그 안에서도 세부 분야가 있어요. 예를 들면 소아의 경우 자폐스펙트럼장애, 지적장애, 언어장애, ADHD, 틱장애, 학습장애와 같은 신경발달 장애, 우울, 불안, 트라우마와 같은 정서 문제 등으로 나누어 진료하죠. 성인과 노인의 경우 조현병, 양극성장애, 우울장애, 강박장애, 불안장애, 치매 및 노인정신질환, 지적장애, 중독장애, 수면장애, 통증장애 등 세부 질환을 구분해 전문적으로 진료하고요. 펠로우를 거치지 않더라도 오랜 기간 한 분야의 진료를 하다 그 분야에 특화된 경우도 있어요. 노인병원에서 오랫동안 일하면서 주로 노인들의 진료를 도맡았다면 그 분야로 특화된 것이죠.

여러 분야의 전문가와 협업해요

정신건강의학과의 경우 관련 업무를 하는 사람들과 협업을 매우 중요시하고 있어요. 저희는 주로 사회복지사, 임상심리사와 협의하는데요. 사회복지사가 조사한 가족관계 등을 보고 사회적으로 어떤 지원이 필요한지 논의하고, 임상심리사가 작성한 심리검사 결과를 살펴본 후 이를 토대로 환자의 치료 계획을 세우기도 해요. 사회복지사와 임상심리사가 모든 환자의 치료에 개입하는 것은 아니에요. 상황에 따라 필요하다고 판단되는 경우 의사가 의뢰하면 협업이 진행되는 거죠. 이 밖에도 작업치료사나 놀이를 통해 심리적 장애요인이 있는 아이를 치유하는 놀이치료사, 언어장애를 치료하는 언어치료사, 음악이나 미술, 문학, 무용 등을 이용해 환자들의 상처를 치유하는 예술치료사들과도 함께 일해요. 저희는 그분들 각각의 업무를 어느 정도는 이해하고 있어야 해요. 그래야 환자의 치료에 도움이 되니까요.

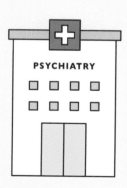

CHAPTER. 03

정신건강의학과 의사가

되려면

PSYCHIATRY

정신건강의학과 의사가 되려면 어떤 자질이 필요할까요? 의과대학에서는 어떤 활동을 통해 경험을 쌓으면 좋을까요? 선배 의사의 경험을 통해 구체적으로 알아보아요.

소통하고 공감할 줄 알아야 해요

모든 의사가 그렇겠지만 특히나 정신건강의학과 의사는 환자와 소통하고 공감하는 능력이 필요해요. 환자와 소통이 부드럽게 잘 이루어져야 원활한 치료 효과를 기대할 수 있기 때문이에요. 특히 의사는 '듣는 귀'를 가지고 있어야 해요. 상담에서는 그들의 이야기를 집중해서 들어야 하니까요. 환자들의 이야기를 들으며 그들의 마음을 이해하고 상처를 있는 그대로 받아들이고, 따뜻하고 적절한 위로의 말을 건넬 수 있어야 해요.

좋은 상담자가 되기 위해선 상대방의 입장을 이해하는 것이 중요해요. 그래서 의대생일 때 환자의 입장이 되어 진료 순서를 기다리기도 해요. 오래 기다리다 짜증이 나는 기분도 느껴보는 거죠. 상담을 잘하려면 상담을 받아보는 것도 필요하다고 생각해서 정신치료를 받는 의사들도 있어요. 저 역시 레지던트 때 1년 정도 그룹 상담을 받은 적이 있는데, 좋은 경험으로 남았어요. 이런 경험들을 통해 환자와 소통하고 환자의 마음에 공감할 수 있도록 노력하는 거죠.

꼼꼼함과 빠른 판단력이 필요해요

의사는 세심하고 꼼꼼하게 환자를 볼 수 있어야 해요. 일을 설렁설렁 처리하거나 반드시 필요한 처치를 빼먹는다면 환자가 위험에 빠질 수 있어요. 주사 하나를 놓더라도 용량이 조금이라도 맞지 않으면 환자에게 영향을 주니 늘 치밀하게 준비하고 꼼꼼하게 진료해야 해요.

환자의 상태나 상황에 따라 필요한 처치를 바로바로 해줄 수 있도록 빠르게 판단하는 일도 중요해요. 환자가 수면제를 한꺼번에 먹고 응급실에 실려 왔다면 응급처치를 한 후 내과로 보낼 것인지 정신건강의학과에서 볼 것인지 판단해야 해요. 여러 가지 증상이 한꺼번에 나타나는 환자도 있어요. 출혈도 있고 골절도 있고 의식도 혼미하다면 우선순위를 정해 가장 시급한 부분이 어디인지 판단하는 일도 해야 하고요. 그런 선택의 순간이 계속해서 오기 때문에 정확하고 빠른 판단력도 필수입니다.

의과대학에 진학해요

　　의과대학에 진학하려면 먼저 성적이 좋아야겠죠. 공부에 흥미를 가지고 있다면 좋겠지만 그것도 쉽지는 않아요. 저는 좋아하는 과목들만 공부도 열심히 하고 성적도 잘 나왔어요. 그래서 다른 과목도 기본에 충실하려고 예습과 복습을 철저히 하고 수업을 착실히 들었어요. 예습할 때는 이해하지 못했던 것들인데 수업을 잘 들었더니 이해하는 순간이 오고, 반대로 수업 시간에는 모르겠더니 집에 돌아와 다시 살펴보다 이해가 되기도 하고요. 그런 순간들을 경험하니까 공부가 더 재미있게 느껴졌어요.

　　요즘은 면접시험도 중요해졌어요. 상황면접 등을 통해 인성과 의사의 자질을 평가하는 곳이 늘어나고 있어서 이에 대한 준비도 꼼꼼히 해야 해요. 더불어 일찍부터 생명을 존중하는 마음을 기르고 의사소통 기술을 익히면 더 좋겠어요. 의사가 됐다고 해서 혼자 환자를 치료할 수는 없어요. 병원을 운영할 때도 수술할 때도 늘 누군가의 도움을 받아야 하죠. 환자와의 소통을 위해서도 필요하고요.

외국어는 필요한 만큼 잘하면 돼요

의과대학의 교재나 논문 등이 거의 영어로 되어 있어서 기본적으로 영어를 잘하는 게 좋아요. 그렇지만 아주 높은 수준의 실력이 필요한 건 아니에요. 책을 읽고 이해하는 수준이면 충분하다고 생각해요. 요즘에는 외국인 환자들이 많으니 영어뿐 아니라 다른 언어도 할 수 있으면 도움이 될 거예요. 통역사 없이도 환자의 증상을 이해하고 치료할 수 있으면 좋죠. 학회 등에 참석해도 여러 나라에서 온 외국인들과 대화를 나눌 일이 많으니 도움도 되고요.

대학에서 의료 활동의 경험을 쌓아요

서브 인턴제도라는 게 있어요. 전국에 있는 의대생 또는 의학전문대학원생을 대상으로 한 병원 실습인데요. 방학 기간 여행이나 휴식의 기간을 갖는 것도 좋지만, 이 제도를 이용해 다른 병원이나 평소 관심 있었던 과의 실습을 경험하는 것도 좋겠어요. 일부 대학의 경우 졸업 요건으로 서브 인턴 수료를 포함시키기도 해요. 저 같은 경우 대학 시절 서울역 노숙인 진료소에서 봉사활동을 했는데, 그때의 경험이 큰 안목을 가지는데 도움이 되었어요. 당시 여러 대학의 학생들이 와서 봉사했기 때문에 교우관계를 넓히는 기회도 되었고요. 학교마다 다르겠지만 학생들에게 실험실에서 실험할 기회를 제공하는 곳도 있어요. 저희 학교가 그런 경우라 생화학 교실에서 한 달간 실험하기도 했고, 예방의학 교실에서 하는 보건학 관련 연구를 돕기도 했죠. 이를 바탕으로 대학생 연구대회에서 발표를 하기도 했고요.

의사국가고시에 응시해요

　의사가 되려면 고등학교 졸업 후 바로 의과대학에 입학하거나, 일반 4년제 대학을 졸업하고 의학전문대학원에 진학하는 방법이 있어요. 모든 과정을 마치면 의사국가고시에 응시할 수 있어요. 고시에 합격하면 의사 면허가 나오고, 일반의사로 일하며 환자를 볼 수 있죠. 하지만 대부분은 이후 인턴 1년, 레지던트 3~4년의 수련 과정을 거치는데요. 이때 여러 전공 중 정신건강의학과를 선택해 공부하고, 전문의 자격시험에 응시해 합격하면 정신건강의학과 의사가 되는 거예요. 세부 진료 분야를 선택해 좀 더 공부하고 싶다면 전임의, 즉 펠로우가 되어 1~2년 동안 더 수련하기도 해요.

　정신건강의학과 전문의 자격시험은 다른 과에는 없는 면접시험이 있어요. 환자와의 상담 중 하나를 문서로 작성해서 전체 상담을 녹음한 파일과 함께 제출해요. 면접관은 그 내용을 바탕으로 그때 왜 그런 말을 했는지, 이 환자의 주된 심리는 무엇인지 등을 질문하고 평가해요.

CHAPTER. 04

정신건강의학과

의사의 세계

PSYCHIATRY

정신건강의학과는 다른 과의 진료와 다른 점이 많아요. 마음의 병을 앓는 환자의 병을 정확히 판단하기 위해서는 환자의 말이 중요해요. 어떻게 하면 환자의 마음을 알 수 있는지, 환자를 대할 때 주의할 점은 무엇인지 들어보아요.

환자에게 좋은 이미지를
주어야 해요

첫인상은 소통의 시작으로 매우 중요한 단계예요. 첫인상 5초 법칙이란 것도 있잖아요. 말 그대로 사람의 인상은 만난 지 5초 만에 결정이 된다는 것이죠. 첫 만남에서의 인상, 즉 처음 들어오는 정보는 머릿속에 아무것도 없는 상태에서 들어오기 때문에 있는 그대로 받아들여져서 상당한 영향을 주게 돼요. 그런 만큼 좋은 이미지를 주기 위해 환자와의 첫 만남에 꽤 신경을 써야 해요.

사람이 다른 사람을 만날 때 불편감이 없어야 하잖아요. 사람들이 의사를 만날 때는 더욱 그렇죠. 예를 들면 너무 긴장을 한다거나, 거리가 너무 가깝다거나, 너무 멀다거나 하는 등 상대방을 불편하게 하거나 부담을 주지 않으려는 태도를 가지는 것이 필요해요.

침묵을 대하는 것도
상담의 한 방법

　가족과 함께 온 환자 중에는 말을 하지 않는 경우가 종종 있어요. 사실 침묵도 하나의 표현이에요. 나는 당신과 얘기하고 싶지 않다는 뜻일 수도 있고, 가족이 옆에 있는 동안은 얘기하고 싶지 않다는 뜻일 수도 있죠. 또 지금 당장 이 이야기를 하면 너무 힘들 것 같아 잠시 시간을 달라는 표현이기도 하고요. 이렇게 침묵에도 각각 나름의 의미가 있죠.

　스스로 병원을 내원한 환자라 해도 첫 만남에서 모든 걸 얘기하지는 않아요. 제 스승께서는 환자가 몇 번째 상담 만에 자신의 얘기를 시작했는지도 중요한 지점이라고 하셨죠. 의사와 환자의 관계지만 넓게 보면 이것도 인간관계이기 때문에 사람들은 친밀감을 느껴야 자신의 이야기를 들려주거든요. 그래서 환자들이 말할 준비가 될 때까지 기다려주는 게 필요해요.

　침묵을 대하는 것도 상담의 한 방법이에요. 아무 말도 하지 않는 환자가 있으면 저도 1분 정도 가만히 있어요. 그래도 말을 하지 않으면 "지금 1분 동안 아무 말도 안 하셨는데 무슨 생각을 하셨나요?" 하고 물어요. 대부분은 아무 생각도 안 했다고 답해요. 그럴 때 "저는 잠깐의 시간이지만 그동안에도 이런저런 생각이 들었어요. 제가 치료를 잘하고 있는가 하는 생각도 했고요. 환자분께서도 이런저런 생각이 들었을 것 같은데요. 어렵게 생각하지 마시고 그때그때 떠오르는 생각을 자연스럽게 말씀해 주세요"라고요. 만약 그래도 별 대답이 없으면 "그래도 아까보다는 표정이 좀 편안해진 것 같아요. 오늘은 환자분이 많이 힘들었다는 걸 제가 이해한 시간이었으니 다음에 만나면 한마디라도 들었으면 좋겠어요" 하고 말하죠.

언어는 다양한 의미를 담고 있어요. 예를 들어 어떤 사람이 다른 사람에게 가방이 참 예쁘다고 말하면 진짜로 가방이 예쁘다는 의미도 되지만, 나는 당신에게 관심이 있다는 의미도 되거든요. 침묵도 마찬가지예요. 대화하다 생기는 침묵에는 각각의 의미가 있고, 그 의미를 찾아내는 것도 정신건강의학과 의사의 중요한 일 중 하나죠.

폭력 성향의 환자들로부터 보호하기 위한 대비책도 있어요

　드물지만 폭력적 성향을 가진 정신질환 환자가 아닌데도 갑자기 폭력적이 되는 경우가 있어요. 그럴 땐 사고가 나지 않도록 병원 내의 다른 사람에게 연락해 도움을 받아요. 일부 인격장애나 정신병적 장애, 약물 중독 환자의 경우 폭력적인 행동이 나타날 위험이 있고, 실제로도 그런 환자에게 공격을 받아 다치는 경우가 있는데요. 이를 예방하기 위해서는 자신에게 위험할 수 있는 상황을 빨리 알아채야 하고, 환자가 폭력적인 행동을 조절할 수 없는 상황에 대비해 의사 자신의 안전을 생각해야 해요. 이를테면 진료실에 흉기가 될 수 있는 무거운 물건을 두지 않고, 비상벨이나 비상전화를 설치해 두는 거예요. 하지만 폭력적인 환자들은 소수이며, 수련 기간 동안 그런 환자들과 마주했을 때 어떻게 대처해야 하는지 배우기 때문에 크게 걱정할 필요는 없어요.

환자를 위해 여러 사람과 협력해요

　환자의 상태를 정확하게 알아야 적절한 치료 방법을 찾을 수 있는데, 명확하게 진단하기 어려운 환자도 있어요. 이럴 때는 병원 내 여러 의사들과 상의하기도 해요. 내과나 외과에서 케이스 콘퍼런스라고 해서 효과적인 치료나 수술법을 검토하고 토론하는 것처럼, 저희 과에서도 우울증에 어떤 약을 쓰는데 경과가 좋지 않다, 어떻게 접근하면 좋을까 등의 의견을 나누며 다른 의사들의 조언을 참고하기도 하죠. 또 매우 드문 질환인 경우라면 논문이나 자료를 검색해 알아보고요.

　환자의 말과 행동을 통해 병을 진단해야 하는데 환자가 제대로 이야기를 하지 않는다면 정확한 병명을 알기 어려워요. 이럴 때는 심리학자들의 도움을 받기도 해요. 다양한 심리검사를 통해 환자의 정서나 성격, 생각을 알아보는 거죠. 다면적 인성 검사, 로르샤흐 검사, HTP 검사, 벤더 도형 검사, 주제 통각 검사, 문장 완성 검사 등을 이용해요. 로르샤흐 검사는 스위스의 정신의학자 H. 로르샤흐가 발표한 심리 진단 검사로

열 가지 잉크 얼룩 그림을 환자에게 보여서 환자의 태도나 감정, 성격, 대인관계 등을 판단해요. HTP[House-Tree-Person] 검사는 환자가 종이와 연필을 이용해 그린 집과 나무, 사람을 통해 성격 발달이나 정서, 역동성 등을 파악하는 검사법이에요. 지적 수준의 평가도 가능하며, 조현병이나 조울증, 신경증의 부분적 양상을 파악할 수도 있죠.

신체 질환은 여러 진단법을 통해 상대적으로 증명이 쉽지만, 정신과적 질환은 뇌 CT나 MRI를 찍는다고 병명이 나오는 것이 아니라 이러한 검사법들을 보조적으로 사용하고 있어요.

최근에 나온 지식과 기술을 공부해요

　의학 분야는 발전이 매우 빠른 편이라 새로운 임상의 결과나 견해가 많이 나와요. 이것을 의학계에서는 최신 지견이라고 말해요. 치료 약물도 새로운 것이 많이 나오고, 치료 방법도 달라지기 때문에 과거에 배우고 익힌 지식과 경험만으로 환자들을 치료하기엔 부족하죠. 그래서 최신 지견을 공부해야 해요. 지금 사용하는 약만 해도 수련의 때는 보지 못했던 것들도 있어요. 또 정신질환의 진단 과정이 바뀌기도 하고요. 그래서 늘 최신 논문이나 책을 찾아보고, 학회에 참석해 새로운 치료법 등을 공유하고 있어요.

　정신건강의학과 관련된 기사나 자료도 꼼꼼히 챙겨보고 있어요. 최근에는 조현병이라든지 게임 중독, 음주단속 기준 변경 등과 관계된 내용을 찾아보기도 해요. 신문 기사나 칼럼 등을 통해 다양한 사례를 접할수 있고, 다른 전문가들의 의견을 들을 수 있으니까요.

정신건강의학과 의사의 하루

저는 현재 대학병원에서 일하고 있어요. 이곳의 근무 시간은 오전 8시 30분에서 오후 5시 30분까지예요. 출근해서 오전 회진을 돌고 외래 진료가 있는 날이면 외래를 보죠. 외래 진료 후 학술모임이 있으면 참석하고, 환자, 학생, 전공의 교육이나 공공사업과 관련된 업무, 병원 행정 업무 등을 하고 점심을 먹죠. 외래가 없는 시간이면 타과에서 의뢰한 환자들을 치료하는 협진을 하고 오후 회진을 돌아요. 대개 대학병원은 오전에 환자 케이스를 보고 토론하거나 논문을 보고 토론하는 일을 하기 때문에 대략 8시 정도 일을 시작하는 경우가 많아요. 개업의의 경우 보통 오전에 병원 직원들과 간단한 회의를 하고 오전 진료를 본 후 점심을 먹고 오후 진료를 봐요. 종합병원의 봉직의보다는 단조로운 일과를 보내죠.

CHAPTER. 05

정신건강의학과

의사의 매력

PSYCHIATRY

환자를 많이 대할수록 인격적으로 성장하는 의사가 있어요. 마음의 문을 굳게 걸어 잠그고 절대 마음을 바꿀 수 없을 것 같던 환자의 마음을 바꾸게 하는 의사도 있지요. 정신건강의학과 의사들의 이야기랍니다. 어떻게 이런 일이 일어날 수 있을까요?

다양한 삶의 이야기를 통해
성찰할 수 있는 매력

가장 큰 매력은 내가 겪어보지 못한 다른 사람의 이야기, 그 미지의 세계를 경험해 볼 수 있다는 거예요. 정신건강의학과 의사는 사람들이 보여주고 싶어 하는 모습이 아니라 그 사람의 비밀스러운 모습, 진짜 모습을 보게 돼요. 삶의 진실에 가까운 모습이죠. 저는 그 점이 정말 좋았어요. 다양한 삶의 이야기를 듣고서 저와 제 주변을 돌아보게 되고, 그러면서 우리 사회를 바라보는 눈도 좀 더 밝아졌거든요. 그렇게 쌓인 경험이 다음 진료에 도움이 되기도 하고요.

다른 과 의사들은 환자를 보는 경험이 쌓일수록 실력이 는다고 해요. 하지만 그로 인해 인격이 성숙해지는 일은 드물어요. 그런데 정신건강의학과 의사들은 환자를 보다 보면 조금씩 성숙해진다고 생각해요. 일의 특성상 고통을 겪는 사람들의 삶을 자세히 들여다봐야 하니 그분들이 처한 상황에 대해 계속해서 생각하고 고민하게 되니까요. 도무지 헤어날 길 없어 보이는 고통 안에서 힘들어하는 분들을 위해 뭔가 할 수 있다는 사실, 그분들을 도우면 저도 성장한다는 사실이 제가 이 일을 계속해 나갈 수 있는 가장 큰 원동력이에요.

이런 경험을 통해 제 자신을 돌아보는 성찰의 기회를 가지는 것도 좋은 점이라고 생각해요. 누군가의 이야기를 듣고 그 사람을 이해하기 위해서는 공감하는 것이 필요해요. 다른 사람에 대해 공감한다는 것은 나라면 어땠을까 고민해 본다는 것이고요. 결국 공감하기 위해선 나 자신을 들여다볼 수밖에 없는데, 이런 과정은 스스로를 이해할 수 있는 하나의 계기가 되죠. 그래서 저는 상담할 때마다 조금씩 성숙해지는 것 같아요.

마음을 바꾸는 환자들을
볼 때의 뿌듯함

　사람 마음은 참 알 수가 없어요. 어렵기도 하고요. 또 사람은 잘 변하지 않는다고 하잖아요. 그렇게 보면 이 일은 정말 힘든 일인데요. 그런 만큼 절대 변하지 않을 것 같던 환자가 제 노력으로 인해 긍정적인 방향으로 바뀌는 것을 볼 때면 정말 뿌듯하고 무엇보다 큰 성취감을 느껴요. 상담을 오래 하다 보면 일부 환자들은 저에게 의지하기도 해요. 그런 느낌을 받으면 제가 그들에게 소중한 존재라는 생각이 들어 기쁘기도 하죠.

　긴 시간 서로 이해하고 마음을 나누며 신뢰관계를 쌓다 보니, 완치되어 헤어질 때 슬퍼하는 환자들도 있어요. 의사들도 그런 감정을 느낄 때가 있고요. 저 역시 병원을 옮기면서 기존의 환자들과 만날 수 없게 되어 매우 아쉬웠던 기억이 있어요. 하지만 환자 입장에서는 헤어짐의 경험도 성장의 한 요인이 될 수 있다는 생각으로 아쉬움을 달랬어요. 제 상담이 매우 편하고 좋다는 이야기를 들었을 때는 기분도 좋았지만 잘하고 있다는 칭찬 같아 뿌듯했죠.

상처와 이별할 수 있도록
돕는 보람

　흔히들 정신건강의학과에서 다루는 질병을 가장 고독한 질병이라고 해요. 주변 사람들이 이해해주지 않아 투병 과정이 매우 외롭고 고통스럽기 때문이에요. 이 일은 그런 분들이 마음의 병에서 헤어 나올 수 있도록 돕는 중요한 일이에요. 누군가를 정확하게 읽어주는 일, 다시 말해 온전히 이해하고 공감하는 것은 쉽지 않지만 그렇기에 더욱 고귀한 일이라고 생각해요. 너무나 많은 사람이 마음의 상처를 입고 외롭게 싸우고 있어요. 그들이 상처와 이별할 수 있도록 도울 수 있는 일이 더 소중하게 느껴져요.

병원 밖에서도 할 일이 많다는 장점

제가 의대에 다닐 때만 해도 의사가 선택할 수 있는 것은 진료 아니면 연구뿐이었어요. 그런데 요즘엔 달라요. 언론사에 들어가 의학전문기자로 일할 수도 있고, 제약회사에 입사해 신약을 연구하거나 마케팅과 관련된 업무를 할 수도 있고, 변호사 자격을 취득해 의료전문 변호사가 될 수도 있어요. 또 개인의 선택에 따라 보건소, 국립과학수사연구원, 법무부, 보건복지부 같은 정부기관에서 정신건강 관련 상담이나 범죄 심리와 관련된 일을 할 수도 있고, 세계보건기구나 유엔과 같은 국제기구에서 일할 수도 있고요. 요즘에는 IT 업계에서 디지털 치료제 등을 개발하는 의사들도 있어요. 여기까지는 다른 과 의사도 선택할 수 있는 거예요. 그런데 정신건강의학과 의사는 이 밖에도 지역주민의 정신건강을 돌보는 정신건강복지센터, 치매안심센터, 성폭력상담센터, 도박이나 알코올 중독 환자를 돕는 중독관리통합지원센터 등 다양한 곳에서 정신건강과 심리 치료 분야의 일을 할 수 있어요. 저는 이게 다른 과 의사와는 다른 장점이라고 생각해요.

CHAPTER. 06

정신건강의학과 의사의

마음가짐

PSYCHIATRY

어떤 일이든 어려움이 있고, 일을 하면서 힘들다고 느낄 때가 있어요. 정신건강의학과 의사에게는 어떤 어려움이 있는지, 그럴 때 어떻게 마음을 관리하는지 알아보아요.

정신건강의학과는 의사로서
약간의 제약이 있어요

저는 대학생 때부터 노숙인 진료 봉사를 했어요. 아픈 사람을 돕기 위해 의사가 되었고, 아픈데도 치료를 받지 못하는 분들을 위해 봉사를 시작했죠. 그런데 정신건강의학과를 선택하고 나니 봉사에 제한이 좀 있더라고요. 아무래도 그런 분들은 정신건강 상담보다는 다른 과의 진료와 치료가 필요한 분들이 많으니까요. 전에 비행기를 탔을 때 닥터 콜이 온 적이 있었어요. 기내에 응급환자가 생겼으니 의사가 있으면 와달라고 한 거죠. 그때 가서 응급처치를 했는데, 만약 더 전문적인 처치가 필요했다면 좀 긴장했을지도 모를 거란 생각이 들었어요. 내과 의사나 외과 의사였다면 더 익숙하게 처치했을 거란 마음에서요.

일상 대화를 상담처럼
이끄는 습관이 있어요

환자가 어떤 사건을 이야기하면 당시 무슨 생각이 들었는지, 어떤 감정을 느꼈는지, 어떤 행동을 취했는지 물어요. 그러다 보니 지인과 대화할 때도 상담을 하는 것처럼 자세히 꼬치꼬치 묻기도 해요. 잘 모르는 사람에게도 질문을 많이 하게 되고, 그러면서 어떤 성향인지 분석하려고 하죠. 구체적으로 질문하고 답을 기다리는 게 직업적인 습관이 된 것 같아요. 택시를 타서 기사님과 대화를 시작했는데 어느새 상담 아닌 상담을 하고 있더라고요. 물건을 잘 버리지 못하는 사람을 보면 그 행동을 통해 저 사람의 심리 상태를 유추해 보는 일도 하고요.

모든 의사는 병균에 노출되기 쉬운 환경에서 일해요. 그러다 보니 감염이나 청결에 민감해요. 또 저희 과의 경우 응급환자가 거의 없어 급할일이 없는데도 전공의 시절 밥을 빨리 먹던 게 습관이 됐는지 식사 시간이 빠르죠. 건강을 위해 고치고 싶은데 잘 안되네요.

지친 마음을 관리하는 것도 중요해요

　　환자와의 면담을 계속하다 보면 정신적으로 힘들 때가 있어요. 마음이 지치기도 하고요. 감정도 전염이 된다고 하는데, 우울한 얘기를 늘 듣다 보니 저 역시 가라앉는 느낌이 들 때도 있어요. 정신건강의학과 의사도 정기적으로 다른 의사에게 상담을 받냐는 질문을 받는데, 그렇지는 않아요. 대신 환자의 감정이 저에게 흡수되지 않도록 훈련해요. 또는 각자의 방식으로 해소하죠.

　　저는 영화를 보거나 음악을 들어요. 운동도 하고 시간이 길게 날 때는 여행도 하고요. 그렇지만 무엇보다 힘들었던 케이스 등 일과 관련된 고민을 사람들과 얘기하다 보면 스트레스가 풀리더라고요. 의사가 아닌 친구들은 100퍼센트 공감하지 못하기 때문에 보통은 대학 동기들과 얘기를 나눠요. 서로 이해도 빠르고 비슷한 경험을 한 적도 있어서 대화가 잘 통하죠. 그래서인지 대학 동기들과도 고등학교 때 친구들만큼 친하게 지내고 있어요. 의대 6년, 인턴 1년, 레지던트 3~4년이면 10년이 넘는 기간

인데, 이 시간을 함께했으니 친할 수밖에요. 또 함께 근무하는 또래의 선생님들과도 이런저런 이야기를 하며 스트레스를 풀고 있어요.

평생 공부하겠다는
마음을 가져요

의사는 평생 공부해야 하는 직업인 것 같아요. 의대에 들어가기 위해서 공부를 잘해야 하고, 이후 의사국가고시에 합격하려면 매우 방대한 양의 지식을 습득해야 해요. 거기서 끝나지 않고 의사가 되고 난 후에도 계속해서 연구하고 공부해야죠. 의학은 나날이 발전하고 있어서 늘 새로운 지식과 기술이 나오기 때문에 뒤처지지 않으려면 스스로 노력해야 해요.

한 가지 더 얘기하자면, 공부에 그치지 않고 배운 것을 응용할 수 있는 능력도 갖추면 좋겠어요. 대학에서 학점이 높다고 모두 의사 생활을 잘하는 것은 아니에요. 공부는 잘하는데 막상 의사가 돼서는 배운  것을 제대로 적용하지 못하는 사람들이 있어요. 교과서에 나오는 것을 환자의 연령이나 성별, 상태, 상황에 맞게 적용해야 하는데, 무조건 배우고 외운 대로 말하는 거죠. 의학은 실용 학문이에요. 배운 것을 잘 적용해 환자들이 쉽고 편안하게 진료를 받을 수 있도록 노력해야 해요.

CHAPTER. 07

정신건강의학과

의사의 미래

PSYCHIATRY

7장에서는?

마음의 병을 앓는 사람들이 늘어나고 있어요. 그래서 마음의 병을 치료하는 여러 가지 방법으로 인공지능을 활용하자는 의견도 있고, 실제로 개발되고 있어요. 미래에는 정말 인공지능이 마음의 병도 치료할 수 있을까요? 전진용 선생님의 의견을 들어보아요.

정신건강이 중요한 시대가 되었어요

노이로제라는 말은 18세기에 처음 나왔어요. 불안·과로·갈등·억압 등의 감정 체험이 원인이 되어 일어나는 신체적 병증을 통틀어 일컫는 말이에요. 당시 사람들은 산업혁명으로 인해 시간을 분 단위로 계획하면서 심리적 압박에 시달리기 시작했어요. 노이로제는 생활하는데 정서적으로 불안한 모습과 태도를 보이거나, 그러한 감정 상태 때문에 몸의 일부에 통증을 느끼는 등 증상이 매우 다양해요.

요즘은 노이로제보다는 스트레스라는 단어가 더 많이 쓰이고 있어요. 현대인은 대부분 스트레스를 받으며, 일부는 우울증이나 공황장애로 이어져요. 게임 또는 인터넷에 지나치게 몰입하여 정상적인 일상생활을 유지하기 힘든 사람도 많아졌죠. 여러 이유로 소외감이나 우울감 때문에 어려움을 겪는 사람들도 늘고요. 이처럼 우리의 삶이 복잡해지면서 정신질환이 늘어가고 있어요. 다시 말하면 정신건강의학과 의사가 필요한 사람들이 점점 더 많아지고 있다는 거죠.

정신건강의학과 의사의 수요는 많아요

　<빌리언스>라는 미국 드라마가 있는데, 거기서 주인공이 회사 안에 있는 진료실에서 정신과 의사에게 상담을 받아요. 그런데 제 친구도 그 드라마 속 의사의 역할을 하더라고요. 대기업의 기업정신건강연구소의 정신건강의학과 의사로 말이에요. 일종의 직장인 정신건강 주치의인 셈이죠. 우리나라도 삼성과 같은 대규모 사업장에서는 직원들의 정신건강을 위해 정신건강의학과 의사를 채용하고 있어요. 예전에는 스트레스로 힘들어하는 직원이 있으면 외부에서 상담받도록 하거나 심리상담사를 고용해 상담받게 했는데, 최근 들어 정신건강의학과 의사를 채용하는 곳이 늘기 시작했죠. 직원의 정신건강은 기업의 실적 및 생산성과 바로 연결되기 때문이에요. 세계보건기구에서는 앞으로 직장인의 생산성에 영향을 미치는 질병 1위는 우울증을 비롯한 스트레스성 정신질환일 거라는 예측을 내놓았어요. 그런 만큼 정신건강의학과 의사를 채용하는 기업은 더욱 늘 것으로 보여요. 기업뿐 아니라 사람들이 모여있는 곳이면 어디든 정신건강의학과 의사가 필요할 것 같아요.

인공지능이 치료하려면 시간이 더 필요할 거예요

<그녀^{her}>라는 영화가 있어요. 대필 작가인 주인공이 인공지능 운영체제인 사만다와 사랑에 빠진다는 내용의 영화인데요. 사만다는 늘 주인공의 말에 귀를 기울이며 그를 이해해주죠. 사만다 덕분에 주인공은 조금씩 상처를 회복하며 행복한 감정을 느끼게 되고요. 기술이 발달해 인공지능이 사만다처럼 누군가의 이야기를 들어주고 상황에 맞는 적절한 질문과 조언을 해줄 수 있다면 로봇이 인간을 상담하는 것이 가능해질지도 모르겠어요. 어떤 미래학자는 이런 질문을 하기도 했어요. 인성이 훌륭하고 친절한 성공률 90퍼센트의 사람 의사와 감정이 없고 불친절한 성공률 95퍼센트의 로봇 의사 중 누구에게 진료를 받고 싶은지요. 당연히 로봇 의사에게 진료를 받지 않겠냐는 것이죠.

인간이라는 존재는 정신건강의학과 의사든 심리상담사든 자극을 받으면 감정을 드러내기도 해요. 아무리 수련해도 본인의 의도와 상관없이 환자에게 감정적으로 대할 수도 있어요. 미국에서는 고객의 목소리 패턴

을 연구해 목소리의 톤에 대응하는 소프트웨어를 개발하고 있어요. 개발이 성공한다면 환자가 어떤 말을 해도 로봇은 그에 적절한 반응을 보이고 어떤 상황에서도 침착함을 유지할 수 있겠죠. 그런 면에서는 로봇이 더 나을지도 몰라요. 하지만 이 모든 가정은 인공지능 기술이 그 정도 수준에 이르렀을 때의 얘기예요.

한때 인공지능 시스템인 왓슨이 의료현장에서 진료를 하기도 했어요. 진료 분야는 고혈압이나 당뇨, 암처럼 수치가 될 수 있는 데이터가 분명한 질병들이에요. 의료영상을 판독하고 분석하는 것에서도 높은 정확성을 보이고요. 하지만 정신건강의학과는 환자의 상태를 정량적으로 파악하거나 진단과 치료를 표준화하기 어려워서 의사의 주관적인 판단이 개입되어야 해요. 환자 개개인의 상황을 세심하게 살펴서 판정해야 하죠. 또한 의사와 환자 사이에 인간적 상호작용이나 신뢰관계의 비중이 커 인공지능이 그런 역할까지 수행하는 건 현재로서는 쉽지 않아 보이네요.

환자가 부끄러운 이야기를 의사보다 인공지능 의사에게 더 솔직하게 드러낸다는 연구 결과도 있어요. 물론 그럴 수 있죠. 하지만 환자와 의사의 관계는 생각보다 더 복잡해요. 환자와 의사 사이에 신뢰관계인 라뽀가 만들어지면 가족이나 친한 친구에게도 하지 못했던 말까지 하게 돼요. 인공지능 의사가 중립적이고 사람이 아니라는 생각에 처음에는 조금

더 솔직해질 수 있겠지만, 사람과 사람 사이의 관계에서 라뽀가 형성되고 나면 그보다 더 진솔한 이야기가 나올 수 있다고 생각해요. 인공지능이 그러한 역할까지 하기에는 시간이 많이 필요할 것 같아요.

CHAPTER. 08

정신건강의학과 의사 전진용을

소개합니다

PSYCHIATRY

:)

어려서부터 착실하고 성실하게 학교생활을 했던 소년, 과학자가 되고 싶었던 소년이 어느 날 의사가 되겠다고 마음 먹었어요. 어떤 계기로 의사의 꿈을 꾸었을까요? 또 어떻게 꿈을 이루었을까요? 그리고 지금은 어떤 꿈을 꾸고 있을까요?

착실한 학생, 진용이

저는 충북 충주에서 태어났고 세 살 때 서울로 이사를 왔어요. 아버지는 회사에 다녔고 어머니는 전업주부로 저와 여동생을 돌봤는데요. 나중에 아버지가 사업을 시작하시면서 어머니가 그 일을 도우셨어요. 부모님께서는 일 때문에 많이 바쁘셨지만 저희들이 놀기만 하도록 내버려 두진 않으셔서 나름대로 착실히 생활할 수 있었죠. 다음 날 배울 내용을 미리 훑어보고, 학교에서는 선생님이 가장 잘 보이는 맨 앞자리에 앉아 수업을 열심히 들었어요. 집에 와서는 복습도 철저히 했고요. 그렇게 공부한 것들을 과목별로 알기 쉽고 깔끔하게 필기했어요. 워낙 정리가 잘 되어있어 친구들이 제 노트를 많이들 복사해 갔죠.

책 읽는 것을 좋아했어요

책을 좋아해서 입시를 준비해야 하는 고등학생 때도 책을 많이 읽었어요. 그때가 학력고사에서 대학수학능력시험으로 바뀌고 얼마 지나지 않았던 시기였어요. 학력고사 시절에는 점수만으로 대학에 들어갔는데, 갑자기 논술이나 토론, 인문학이 중요해지면서 제가 소설을 읽어도 선생님들이 꾸중하지 않았죠. 오히려 독서를 장려하는 분위기였어요. 덕분에 다양한 한국문학이나 사회문제를 다룬 책, 역사책들을 실컷 읽을 수 있었어요. 특히 『나의 문화유산 답사기』란 책을 재미있게 읽었어요. 미술사학자인 유홍준이 대한민국과 일본의 문화유산을 답사하며, 관련된 인문학적 지식을 소개하고 현대적 의의를 설명하는 기행문의 일종이죠. 최근 어린이와 청소년의 눈높이에 맞춰 알기 쉽게 설명한 『10대들을 위한 나의 문화유산 답사기』도 나왔는데요. 우리나라 역사와 문화유산에 관심 있는 학생이라면 추천해 주고 싶네요. 우리나라 역사를 한결 새로운 시각으로 바라보게 될 거예요.

고등학생 때 의사가 되기로 결심했어요

어려서는 과학자가 되고 싶었는데 고등학교에 다닐 때 의사가 되고 싶어졌어요. 이 일을 하게 되면 사람들을 도울 수 있다는 생각에 의사를 꿈꾸게 되었죠. 아프고 병든 사람들을 치료하는 의사들의 모습이 멋있어 보이기도 했고요. 아주 오래전에 MBC에서 <종합병원>이란 드라마를 방영한 적이 있어요. 제목 그대로 종합병원에서 벌어지는 의사들의 긴박한 일상을 그린 의학 드라마였는데, 이 작품을 비롯한 여러 의학 드라마를 보면서 의사의 세계에 더욱 흥미를 느끼게 되었죠. 물론 실제 의사가 되고 보니 드라마 속의 의사와 현실의 의사는 많이 달랐어요. 최근에는 <슬기로운 의사생활>이란 드라마와 <정신병동에도 아침이 와요>라는 드라마를 재밌게 봤는데요. 저와 마찬가지로 이 드라마를 보면서 의사의 세계에 흥미를 느낀 친구가 있을지도 모르겠네요.

처음 환자를 볼 때의 긴장이 기억나요

의사 면허를 취득하고 인턴을 처음 시작한 날, 의사가 되어 환자를 진료한다는 기쁨보다는 걱정이 더 앞섰던 기억이 나네요. 새 가운을 입고 청진기를 목에 건 채 환자를 보러 갔는데, 너무 긴장한 탓에 제대로 진료를 한 건지 모를 정도였어요. 처음 들어갔던 데가 신경과라 연세가 많은 분들이 대부분이었고, 말을 잘 알아듣지 못하는 환자가 많아 그런 분들과 소통하는 것조차 쉽지 않았거든요. 어떻게 지나갔는지 모를 하루를 보내고 밤이 되어 동기들과 야식을 시켜 먹으며 그제야 마음을 놓았었죠.

처음 하는 일은 늘 어려움이 따르는 것 같아요. 제 판단이 환자의 건강과 관련된다고 생각하니 처음엔 결정을 내릴 때마다 이게 맞는 방향인지 고민했어요. 책에서 많이 본 케이스인데도 막상 결정할 때는 걱정이 뒤따랐고요. 다행히 수련 중에는 선배나 교수님들이 지도 감독해 주어 부담이 덜 했고 나중에는 경험이 쌓여서 점차 익숙해지게 되었죠.

레지던트 시절은 힘들었어요

　　인턴과 레지던트로 근무하던 때는 잠깐이지만 그만둘까 생각했던 적이 있어요. 워낙 할 일이 많고 잠을 제대로 잘 수가 없어 너무 피곤하고 힘들었거든요. 요즘에는 전공의특별법이 시행되어 상황이 많이 나아졌지만, 당시에는 밤에 당직을 서고 난 다음날 낮에 또 나와 근무를 하기도 했어요. 100일 당직이라는 것도 있었죠. 레지던트 1년 차에게 최소 3개월에서 100일간 당직을 세웠어요. 저 역시 레지던트가 되고 2개월 내내 당직을 서다 다음 달에 잠깐 외출했는데, 그새 계절이 바뀌어 저 혼자만 두꺼운 코트를 입고 있더라고요. 수련 기간 중에는 제때 밥을 챙겨 먹기도 어려웠어요. 식사 시간이 불규칙한데다 너무 짧아서 끼니를 놓치게 되면 식사는 무조건 붙지 않거나 빨리 먹을 수 있는 것으로 주문했죠. 저뿐만 아니라 다들 그렇다 보니 예민해진 사람이 많아 크고 작은 충돌이 종종 발생하기도 했어요.

하나원에서 공중보건의로
탈북민을 만났어요

저는 전문의 자격을 취득한 후에 군대에 갔어요. 정신건강의학을 전공하면 교도소나 복지시설에서 복무하기도 하는데요. 저는 하나원에서 민간인 환자를 진료했어요. 하나원은 탈북민들의 사회 정착 지원을 위해 통일부에서 설치한 기관이에요. 거기서 처음 탈북민을 만났죠. 그분들이 표준어나 외래어를 알아듣지 못해 난감했던 일이 종종 있었어요. 검사를 위해 금식하라는 주의사항을 전달했는데, 다음 진료 때 뭔가를 먹고 온 거예요. 금식이라는 단어를 알아듣지 못했던 거죠. 저 역시 초반에는 그분들이 사용하는 사투리를 알아듣지 못했고요. 시간이 지나면서 서로의 말을 이해하게 되었고, 그분들의 아픔이나 탈북 과정에서의 스트레스, 북한에 남겨진 가족에 대한 그리움도 느낄 수 있었어요.

한 사람 한 사람의 변화를 통해 세상을 바꾸는 꿈을 꾸어요

많이 좋아지긴 했지만 정신건강의학과에 대한 사람들의 편견이 있어요. 마찬가지로 탈북민에 대한 편견도 있죠. 정신건강의학과는 마음이 아프면 올 수 있는 곳이고, 탈북민은 다른 지방에서 왔을 뿐 우리와 같은 사람이라고 생각했으면 좋겠어요. 열린 마음으로 상대를 바라보며 서로 배려하고 소통하길 바라고요. 저는 탈북민을 연구 주제로 삼고 있어요. 탈북민을 진료하는 공중보건의는 많지만 저처럼 이후에도 관련 연구를 하거나 진료를 하는 사람은 드물죠. 그러다 보니 일상적 차별 또는 남한과 북한의 문화적 차이로 스트레스를 받는 탈북민을 많이 만나게 되었어요. 그 때문에 제3국으로 다시 떠나는 사람도 있다고 해요. 만약 통일이 된다면 그런 사람들이 더 많아지겠죠. 그분들이 건강한 방식으로 적응할 수 있도록 돕고 싶은 게 앞으로의 제 목표예요. 진료와는 별개로 인식 개선 노력을 통해 차별하지 않고 두 문화가 공존하는 사회를 만들고 싶어요. 또 남북한이 가지고 있는 정신건강의 문화적 차이를 극복하는 데 꼭 필요한 역할을 하고 싶어요.

CHAPTER. 9

10문 10답

앞에서 미처 해결하지 못한 궁금증을 해결하는 시간! 사람들이 어떤 때 정신건강의학과에서 진료를 받아야 하는지, 심리학자와 정신건강의학과 의사는 어떻게 다른지, 정신건강의학과에 대한 편견은 무엇이고 어떻게 달라지고 있는지도 알려주신대요.

정신건강의학과 진료가 필요한지 어떻게 알 수 있을까요?

어떤 상태일 때 정신건강의학과에 가는 게 좋을지 판단하는 것은 어려운 문제예요. 정신건강의학과에서는 보통 어느 만큼 일상생활이 가능한가를 판단의 기준으로 삼고 있어요. 예를 들어 어떤 사람이 술을 많이 마신다고 해 봐요. 지각을 자주 하고 일을 하지 못할 정도라거나, 술을 마시고 싸우는 일이 잦다면 상담을 받아야 해요. 정신건강의학과에서는 이와 같은 진단 기준을 통해 환자가 가진 문제가 상담이 필요한 정도인지를 판단하고 있으며, 정신행동장해평가라는 척도를 사용해 사회 기능 수준을 알아보기도 해요. 자신이 안고 있는 문제가 일상생활에 지장을 주는지 생각해 보고, 그로 인해 사회생활이 어렵거나 직업적 어려움을 느끼고 있다면 병원에 방문해 보는 게 좋겠어요.

심리학자와 정신건강의학과 의사는 어떻게 다른가요?

　심리학에도 여러 영역이 있어요. 사회심리학, 산업심리학, 인지심리학, 교육심리학, 발달심리학, 상담심리학, 임상심리학 등 매우 다양한 분야로 나뉘죠. 그중 임상심리학은 인간에 대한 이해를 통해 그들이 겪고 있는 정신장애나 심리적 문제를 평가하고 치료하는 것을 목적으로 하는 학문이에요. 저희는 주로 이러한 학문적 배경을 바탕으로 일하는 임상심리학자들과 교류하고 있어요. 함께 일하는 만큼 공통적인 특성도 많지만 다른 점도 있어요. 임상심리학자는 주로 상담이나 교육을 통해 치료한다면, 저희는 의학에 뿌리를 두고 있기 때문에 상담이나 정신치료는 물론 약물치료도 같이 한다는 것이죠.

정신건강의학과에서 사용하는
의료도구가 있나요?

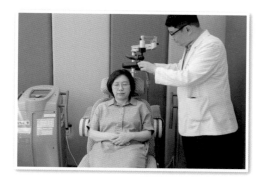

의료도구라고 할 만한 게 거의 없었는데, 최근에 치료를 돕는 도구 몇 가지가 나왔어요. 예전에 엠씨스퀘어라는 기기가 있었어요. 숙면을 할 수 있게 도와주고 집중력과 기억력을 향상시켜 준다고 해서 학생들 사이에 인기가 많았는데요. 현재는 그것과 비슷한 도구가 나와서 선택적으로 사용하고 있어요. 자기장으로 뇌 부위를 자극하는 TMS라는 도구, 안구운동민감소실 및 재처리 요법EMDR이라는 치료를 위해 안구에 자극을 주는 도구, LED를 이용해 빛을 쬐게 해 우울한 기분을 나아지게 만드는 광치료기기 도구 등이에요. 이런 도구는 치료에 꼭 필요한 것은 아니기 때문에 환자의 상태에 따라, 의사의 선택에 따라 일부 사용되고 있어요.

정신건강의학의 역사에서 중요한 인물은 누구인가요?

가장 유명한 사람을 꼽으라면 지그문트 프로이트^{Sigmund Freud}와 칼 구스타프 융^{Carl Gustav Jung}이죠. 프로이트는 오스트리아 출신 의사이자 정신분석의 창시자예요. 히스테리 환자를 관찰하고 최면술을 행하면서 인간의 마음에는 본인이 의식하지 못하는 과정, 즉 '무의식'이 존재한다고 믿게 되었죠. 꿈과 착각, 말실수와 같은 정상 심리까지 연구를 확대해 심층심리학을 확립했어요.

융은 스위스의 정신과 의사인데요. 집단무의식이라는 개념으로 심리학의 새로운 장을 연 인물이죠. 환자가 지닌 고통의 근본 원인이 되는 다양한 생각의 집합에 '콤플렉스'란 이름을 붙였어요. '내향성과 외향성'의 두 가지 유형과 '사고와 감정, 감각, 직관'의 네 가지 기능을 범주로 성격 구분법을 제안하기도 했어요. 프로이트가 무의식이라는 세계로 들어가는 문을 열었다면, 융은 무의식을 바라보는 시각을 다양화했다고 볼 수 있어요.

외국의 정신건강의학과와
다른 점은 무엇인가요?

유럽에서 처음 정신분석이 나왔을 당시에는 상류층 사람들이 상담을 받았어요. 돈과 시간이 많이 들기 때문이었죠. 정신분석이 미국으로 전파되었을 때도 마찬가지였고요. 정신분석 상담을 받는 것을 부러워하는 문화였죠. 정신건강에 문제가 생기면 의사를 찾아가 상담을 받는 게 당연한 거고, 지금까지도 그 문화가 이어지고 있어요. 최근에 <지정생존자>라는 미국 드라마를 봤는데요. 부인이 갑자기 죽자 마음에 깊은 상처를 받은 대통령이 상담받는 장면이 나오더라고요. 대통령 역시 일반 국민과 마찬가지로 상담치료를 통해 심리적 상처를 치유하기 위해 애쓰는 것이 자연스럽게 그려졌죠. 우리나라 사람들이 정신건강의학과에 가지는 거부감이 전혀 없다는 게 달라요.

상담 시간의 차이도 있어요. 서양은 상담 시간이 긴 편인데, 우리나라를 비롯한 동양은 상대적으로 짧은 편이에요. 친구 중에 대만과 일본의 정신건강의학과 의사들이 있는데요. 그 친구들 얘기를 들어보면 우리와 상황이 비슷한 것 같아요. 그리고 서양의 경우 정신건강의학과 의사와 임상심리사의 역할이 확실히 나뉘어 있는 곳도 있어요. 의사는 약물치료를, 임상심리사는 상담치료를 담당하는 거죠. 최근에 저희 병원에 스페인 의사가 온 적이 있어요. 들어보니 거기서도 의사는 거의 약물치료를 담당하고, 상담치료는 일부만 한다고 해요. 대부분의 상담치료는 임상심리사가 하고요.

우리나라 의료 수준은 어떤가요?

우리나라의 대형병원은 해외에서 훌륭하다고 알려진 병원과 의료 수준이 비슷해요. 대학병원 등에서 의사들에게 해외연수를 보내주기도 했는데, 이야기를 들어보면 한국과 큰 차이가 없다고도 해요. 해외연수를 다녀왔다고 해서 국내에서 보다 특별히 더 많은 것을 배우는 것이 아니니까요. 외국에서 발표되는 논문이나 최신 지견은 인터넷을 통해 다 볼 수 있기도 하고요.

그렇지만 보다 넓은 시야를 갖거나 외국의 의사들과 교류하기 위해서, 우리가 갖추지 못한 일부 첨단 의료기술을 익히기 위해 외국에 나가 배우는 경우는 있죠.

연봉은 어느 정도인가요?

연봉은 전공이나 직급, 병원의 규모나 경영상태, 위치 등에 따라 모두 달라요. 보통 종합병원보다는 개인병원의 연봉이 높은 편이죠. 2022년 한국보건사회연구원이 발표한 '보건의료인력 실태조사'에 따르면 2020년 정신건강의학과 의사의 평균 연봉은 약 2억 3,500만 원 정도라고 해요. 하지만 이는 평균이고 실제로는 대학병원, 종합병원, 개업의 등 근무 형태에 따라 연봉에 차이가 있어요. 저만해도 평균보다 훨씬 적은 월급을 받고 있어요. 레지던트는 전문의 연봉의 약 30% 정도에서 시작하고, 인턴은 그보다 더 적은 연봉을 받아요. 저는 대학병원에 근무하기 때문에 근무 연수에 따라 연봉체계를 따르고 있어요. 개원의의 경우 개업한 병원의 매출에 따라 달라질 거예요.

오진이 있을 수도 있나요?

다른 과에서 말하는 오진과는 성격이 다르지만 환자가 의사를 완전히 속여 병명에 대한 판단을 어렵게 하는 일이 있을 수 있어요. 예를 들어 우울하지 않은데 우울증인 것처럼 연기하는 거죠. 신체적 질환을 심리적인 것으로 잘못 판단하는 일도 있을 수 있겠죠. 예를 들면 전환장애가 아닌데 그렇게 진단하는 경우예요. 전환장애란 심리적인 원인에 의해 주로 운동기능 혹은 감각기능에 이상 증세나 결함이 나타나는 질환을 말하는데요. 심리적인 원인이 아닌데도 환자의 전체적인 상황을 고려하다 보니 전환장애로 진단하는 일이 있을 수 있죠. 제가 종합병원 응급실에서 근무할 당시 남편의 장례를 치르다 쇼크로 쓰러진 환자가 온 적이 있었어요. 정신적 충격이 커서 쓰러진 것으로 보였어요. 그런데 혹시 몰라 뇌 CT를 찍어 보니 뇌졸중이더라고요. 뇌 검사를 하지 않았더라면 감당할 수 없는 스트레스로 실신했다는 진단을 했을지도 몰라요. 그런 식의 오진이 있을 수 있어서 정신건강의학과 문제뿐만 아니라 다양한 가능성을 생각해 보는 것이 필요해요.

정신건강의학과에 대한 편견에 대해 어떻게 생각하세요?

정신건강의학과는 비정상적인 사람들이 오는 곳, 참을성이 부족하다거나 의지가 약한 사람들이 가는 곳, 심지어는 미친 사람이 가는 곳이라고 생각하는 사람들이 많아요. 그런 편견이 있다 보니 본인이 문제가 있다고 알고 있어도 병원에 가는 것을 꺼리는 경우도 있어요.

요즘엔 인식이 바뀌고 있는 것 같아요. 정신건강의학과 의사들이 방송에 출연해 올바른 정보를 전달한 것도 편견을 깨는 데 큰 도움을 주었죠. 우울증의 경험을 다룬 책들이 베스트셀러가 되고, 우울증이나 공황장애를 겪었던 유명인들이 자신의 병을 공개해서 누군가의 특별한 문제가 아니라 나와 가까운 사람들의 이야기가 될 수 있다는 걸 받아들이게 된 점도 있고요. 덕분에 최근에는 스스로 상담의 필요성을 느껴서 오는 분들이나 인터넷의 우울증 자가 검진을 통해 병이라고 생각해 내원하는 분들이 늘었어요.

우울한 기분이 들면 병원에 가야 하나요?

우리는 상처받기 쉬운 세상을 살아가죠. 사람들은 너무 쉽게 그 상처가 정신력이나 의지로 이겨낼 수 있다고 얘기해요. 그렇지 못한 사람은 마음이 단단하지 못한 사람으로 취급받죠. 그런 편견이 있는 건 사실이지만 그 시선 때문에 계속 혼자 아파하지 않았으면 해요. 병은 정신력이나 의지로 완치되지 않아요. 우리가 가벼운 감기에 걸렸을 때 집에서 푹 쉬면 나을 수도 있어요. 하지만 심한 경우 기관지에 염증이 생기고 폐렴으로 넘어갔다면 병원에 가서 치료받아야 하잖아요. 우울증도 마찬가지예요. 단순히 우울한 기분이 든다고 병원에 가야겠다고 생각하지는 않죠. 갈 필요도 없고요. 우울증의 경우 본인도 어느 정도 심각성을 느끼게 되는데, 그럴 때는 반드시 도움을 받았으면 좋겠어요. 우울증 역시 초기에 치료받아야 효과가 크거든요.

CHAPTER. 10

나도 정신건강의학과 의사

PSYCHIATRY

제 마음을
읽어주세요

내가 정신건강의학과 의사라면
다음과 같은 고민을 가진 사람에게
어떤 이야기를 해줄 수 있을까요?

자주 우울해요. 왜 그런 거죠?

Tip

어떤 사람이 추운 날씨에 감기에 걸렸다면 날씨가 영향을 준 것일 수도 있고, 기관지가 약해서 그런 것일 수도 있어요. 우울증도 마찬가지예요. 다른 사람보다 우울할 만한 스트레스가 많아서 일 수도 있고, 스트레스에 대응하는 방식이 달라 스트레스에 속으로 빠지기 때문일 수도 있어요. 자주 우울하다면 스트레스를 관리해 보는 것은 어떨까요? 긍정적으로 사고하기, 성급하게 일반화하지 않기, 호흡 가다듬기, 명상하기, 운동하기, 규칙적인 생활습관 길들이기, 충분한 수면 취하기 등이 있어요. 자신에게 맞는 방법을 찾아보세요 우울증과 식습관이 관련이 있나요?

우울증의 증상 중 하나가 식습관으로 나타나요. 기분이 우울한 사람은 일
상생활이나 식사 습관이 불규칙해지기 쉬워서 연관이 있는 것으로 보여
요. 우울증은 세로토닌이라는 물질과 연관이 많은데요. 이 성분이 들어간
우유나 치즈, 견과류 등을 섭취하면 우울증 해소에 도움이 되기도 해요.
마그네슘과 칼슘도 마음을 안정시켜주는 작용을 하기 때문에 관련 식품
을 먹는 것도 좋겠어요.

갑자기 화가 나면 분노를 조절하는 게 힘들어요. 어쩌죠?

화가 나면 그 화를 표출하고 싶은 것은 당연한 거예요. 다만 한꺼번에 표출하는 것이 아니라 서서히 표현하는 게 중요해요. 친구에게 화가 났다면 당장 가서 따지기 보다는 시간을 두고 마음을 정리해 보는 게 좋겠어요. 물을 한잔 마시고 심호흡을 하며 화를 조금 가라앉히기, 화났던 일을 적어 보기, 화가 난 마음을 다음날 친구에게 말하기 등의 방법을 사용해 보세요. 화가 많이 난 상태에서는 자신의 감정이나 생각을 올바르게 표현하기 힘들거든요.

멍 때리기가 정말 기억력을 향상시키나요?

_____

_____

_____

_____

_____

_____

Tip

기억력은 집중력과 관련되어 있어요. 우리가 기억을 잘하지 못하는 이유 중 하나가 산만함이에요. 여러 생각들이 어지럽게 널려 있으면 그만큼 집중하지 못해 기억력이 약화되는 거죠. 멍 때리기와 명상은 다른 것이지만, 더 좋은 방법은 명상이에요. 소리나 호흡 등의 감각에 집중하는 훈련을 하면 잡생각이 사라지며 집중력이 높아져요. 집중력이 올라가면 기억력이 강화되죠.

손에서 스마트폰을 놓지 못하는 친구가 많아요.
이것도 중독인가요?

Tip

잘못된 습관이 만든 중독이에요. 과거에는 술이나 약물 같은 물질에 중독
되는 일이 많았어요. 최근에는 과도한 쇼핑이나 게임, 인터넷과 스마트폰
사용 같은 행위 중독이 널리 퍼지고 있어요. 중독이 되면 의존이 심해지고
도저히 끊을 수 없을 정도가 되기 때문에 중독에 빠지지 않도록 조절해야
해요. 예를 들어 스마트폰에 대한 의존도가 높은 경우 시간을 정해놓고 계
획한 시간만큼만 사용하는 거예요. 계획을 지키려는 의지를 가지고요.

매운 음식을 먹으면 정말 스트레스가 풀리나요?

매운 음식을 먹으며 스트레스를 푼다는 사람이 적지 않은데요. 매운 음식이 어떤 작용을 해서 스트레스를 줄인다기보다는, 자극적인 음식을 먹음으로써 짜릿함을 얻고 위험을 즐기려는 본능이 충족되면서 잠시 스트레스 상황을 잊어버리는 거예요. 우리의 뇌는 쾌락을 담당하는 영역과 고통을 담당하는 영역이 상당히 많이 겹쳐 있어요. 매운맛의 고통이 쾌락과 연결되어 스트레스가 해소되는 것처럼 느껴져 매운 음식을 즐기는 것이라는 의견도 있어요.

친구들과 대화하는 게 힘들어요. 자연스럽게 대화하는
방법을 알고 싶어요.

Tip

대화는 한 사람의 말을 다른 사람이 잘 받아들여야 자연스럽게 이어져요.
상대방이 하는 말을 잘 듣고 말의 뜻을 파악하는 것도 중요하죠. 예를 들
어 어떤 사람이 "날씨가 너무 더워요"라고 했을 때, 상대방이 "그러게요.
오늘 낮 기온이 30도가 넘는대요"라거나, "더운데 공부하러 나와서 힘들
겠어요"라거나, "네. 에어컨을 켜드릴까요?"라고 대답할 수 있어요. 자신이
파악한 뜻에 따라 대화가 이어지죠. 상대의 의도와 상황을 이해하려고 노
력한다면 대화가 좀 더 자연스럽고 풍성해질 거예요.

걱정이 너무 많아요. 걱정을 줄이는 방법이 있을까요?

Tip

옛날 중국 기나라에 살던 사람이 "하늘이 무너지면 어디로 피해야 하지?"
하며 자지도 먹지도 않고 걱정만 했다는 이야기에서 유래한 '기우'라는 말
이 있어요. 앞일에 대해 쓸데없는 걱정을 한다는 뜻이죠. 우리는 감정을
지닌 동물이라 걱정으로부터 100퍼센트 해방되기란 쉽지 않아요. 하지만
꼭 필요한 걱정만 하려고 노력해 봐요. 시험을 망쳤다는 생각으로 결과가
나올 때까지 내내 걱정한다고 시험 점수가 달라지지는 않잖아요. 그런 것
처럼 굳이 부정적인 감정을 부풀려서 기분을 망치지 않았으면 해요.

반려동물이 죽어서 너무 슬퍼요. 어떻게 극복해야 할까요?

Tip

가까운 사람이나 반려동물이 죽었을 때 슬픔에 빠지는 것은 정상적인 반응이에요. 오히려 담담하고 슬프지 않은 것이 비정상이죠. 슬픔을 당연한 감정으로 받아들이고, 반려동물과의 소중한 추억을 생각하면서 일상에 적응해 나가면 돼요. 계속 슬퍼한다고 죽은 반려동물이 돌아오지는 않아요. 일을 미루거나 사람들과 만나는 것을 피하며 슬픔에 깊게 빠져있기보다는 차츰 일상으로 돌아와 반려동물이 없는 것에 서서히 적응해 나가는 것은 어떨까요?

갑자기 성격이 변한 것 같아요. 어떤 문제가 있는 걸까요?

갑작스러운 성격 변화는 여러 원인에 의해 나타날 수 있어요. 그중 하나가 기분장애로 기분 조절이 어렵고 비정상적인 기분이 오랜 시간 지속돼요. 우울증과 조증이 대표적인 증상이죠. 조증은 기분이 들떠서 쉽게 흥분하거나 갑작스러운 행동 변화가 나타날 수 있어요. 또 과도하게 행복한 기분이 드는데 시간이 지날수록 예민해지고, 화를 참지 못하고 난폭해지며, 환각이나 망상이 나타날 수도 있어요. 증상이 있다면 빨리 상담을 받아보는 것을 추천해요.

산만하고 집중력이 떨어진다는 얘기를 자주 들어요.
ADHD일까요?

산만하고 집중력이 떨어지는 것은 ADHD 증상 중 하나예요. 주로 나타나는 증상에 따라 주의력결핍형과 과잉행동·충동성형이 있고, 이 두 가지가 결합된 혼합형으로 나눌 수 있어요. 감정 조절이 어렵다거나 사람들과의 관계가 어렵다거나 학습 및 수행능력이 떨어지는 등의 증상이 따라오기도 해요. 차분하게 있지 못하고 계속 움직이거나 어떤 활동을 하는 중에 다른 행동을 하느라 중단된다면 ADHD를 의심해 볼 수 있어요.

공황장애가 잘 생기는 성격이 따로 있나요?

Tip

공황장애가 잘 생기는 성격이 있다기보다는 어떤 사건을 대했을 때 받아들이는 방식에 따라 공황 증상이 나타나기도 해요. 사람들이 길을 가다가 넘어졌을 때 "나는 왜 조심성이 없지?", "누가 길을 안 치웠지?", "다치지 않아서 다행이다" 등 반응이 제각각인데요. 어떤 사건을 경험한 후 자신이 겪은 일을 마음속에 꾹 담아둔다면 공황이라는 방식으로 표출되기도 해요.

주변에 물건을 버리지 못하고 쌓아두는 사람이 있어요. 왜 그런 거죠?

_____

_____

_____

_____

_____

_____

Tip

물건을 버리지 못하는 것은 일종의 강박증이에요. 강박증은 어떤 행동이나 생각을 계속해서 하게 되는 것을 말해요. 청결 강박이라면 손이 더럽지 않은데도 더럽거나 세균이 있다고 생각해서 계속 손을 씻는 거예요. 예를 든 것처럼 물건을 사용하건 안 하건 상관없이 어떤 물건이든 버리지 못하는 것을 저장 강박이라고 해요. 특별한 의미가 있는 물건을 간직하는 것은 누구나 하는 일이에요. 하지만 무엇이든 버리지 못하고 모아놓는다면 저장 강박은 아닌지 생각해볼 필요가 있어요.

부탁을 거절하지 못하겠어요. 어쩌면 좋죠?

Tip

가까운 사람들의 부탁을 거절하기란 쉬운 일이 아니죠. 많은 경우 내가 거절해서 상대가 마음을 다칠까 봐, 자신을 이기적인 사람으로 생각할까 봐 걱정해요. 부탁을 받았다면 내가 해줄 수 있는 일인지 먼저 따져보세요. 할 수 없다면 미안하지만 내가 할 수 없는 일이라고 부드럽게 말하면 돼요. 나 스스로를 지키려면 나를 중심에 두고 어디까지 도울 수 있는지 말해줘야 해요. 만약 거절 방법을 모른다면 긍정적으로 거절하는 방법을 훈련으로 익힐 수 있어요. 거절했더라도 서로에게 도움을 주는 방식을 찾을 수도 있고 관계가 나빠지는 것도 아니니 거절을 너무 두려워하지 마세요.

약으로 행복해질 수 있을까요?

Tip

약으로 모든 불행을 사라지게 할 수는 없지만 약이 불행을 없애는 데 도움을 줄 수는 있어요. 우울증 약이 그래요. 우울증 약이 개발되었을 때 어떻게 인간의 감정을 약으로 조절할 수 있느냐고 논란이 되었어요. 그런데 지금은 어때요? 매우 널리 쓰이며 많은 사람의 고통과 억울함을 덜어주고 있어요. 하지만 약이 인간을 행복하게 만들어 주는 건 아니에요. 어떤 약이든 괴로움을 이겨내는 데 도움을 줄 수는 있지만, 행복을 가져다주지는 않아요.

마음 진료실

영화 속 주인공이
진료실에 찾아왔어요.
슬픈 사연을 가진 이 친구들,
치유가 가능할까요?

<이보다 더 좋을 순 없다>

 환자

영화 속 주인공 멜빈 유달은 강박장애가 있는 로맨스 소설 작가예요. 길을 걸을 땐 보도블록의 틈을 밟지 않고, 사람들과 부딪히지 않으려고 뒤뚱뒤뚱 거리죠. 식당에 가면 언제나 똑같은 자리에 앉고, 가지고 온 플라스틱 나이프와 포크로 식사를 하고요. 이런 독특한 행동과 신경질적인 성격 탓에 모두들 그를 꺼려 하는데요. 멜빈 유달은 강박장애에서 벗어날 수 있을까요?

 의사

강박장애란 원하지 않는 생각과 행동을 반복하게 되는 강박사고와 강박행동이 주된 증상인 불안장애의 일종이에요. 청결행동이나 확인행동, 반복행동, 정돈행동, 지연행동 등의 형태로 나타나며 스스로 부적절하거나 지나치다고 생각은 하지만 불안감 때문에 반복된 행동을 멈출 수 없게 되죠. 이러한 강박장애는 왜 생기는 걸까요? 여러 가지 이론이 있는데, 그중 생물학적 이론에 따르면 우리 뇌 구조의 결함으로 인한 기능 이상으로 강박장애가 생긴다고 해요. 전두엽의 기능이 손상된 것으로 약물치료나 행동치료, 인지행동치료, 가족치료 등으로 개선이 가능해요.

<굿 윌 헌팅>

 환자

주인공 윌은 수학과 법학, 역사학 등 모든 분야에 천재적인 재능이 있지만 어린 시절 부모의 폭력으로 상처를 받아 마음을 쉽게 열지 못해요. 윌의 재능을 알아본 MIT 대학 수학 교수인 램보는 대학 동기인 심리학 교수 숀에게 윌을 부탁해요. 거칠기만 하던 윌은 숀과 함께 시간을 보내며 차츰 변화하기 시작하는데요. 윌의 상처는 치유될 수 있을까요?

 의사

아이들이 성장하는 시기에 폭언이나 폭력에 반복해서 노출되면 평소에도 긴장감과 불안감을 느끼게 되고 지우기 힘든 마음의 상처를 입어요. 너무나 깊고 곪아 있어서 절대 회복될 수 없을 것 같은 트라우마라 해도 치유가 불가능한 건 아니에요. 그걸 외상 후 성장이라고 하죠. 상처를 이겨내고 성장하려면 당장 자신을 향한 자책과 비난을 멈춰야 해요. 아이는 자신의 잘못으로 그런 일이 일어났다고 생각하는 경우가 많거든요. 숀은 윌에게 "네 잘못이 아니야"라고 반복해서 말해 주며 꼭 안아주죠. 절대 나 때문이 아니라는 따뜻한 포옹으로 윌은 위로받아요. 도움이 절실한 아이들인데도 두려움 때문에 주변에 자신의 상황을 알리지 못하는 경우가 많아요. 상처를 극복하려면 꼭 도움을 요청하는 것이 필요하니 용기를 내는 것이 중요해요.

초등학생의 진로와 직업 탐색을 위한 잡프러포즈 시리즈 42

정신건강의학과 의사는 어때?

2024년 7월 15일 | 초판 1쇄

지은이 | 전진용
펴낸이 | 유윤선
펴낸곳 | 토크쇼

편집인 | 박성은
표지 디자인 | 이희우
본문 디자인 | 책읽는소리
마케팅 | 김민영

출판등록 2016년 7월 21일 제2019-000113호
주소 | 서울시 마포구 월드컵북로98, 2층 202호
전화 | 070-4200-0327
팩스 | 070-7966-9327
전자우편 | myys327@gmail.com
ISBN | 979-11- 92842-89-9(43190)
정가 | 13,000원